CAMP D'AVOR

ET

NOTES SUR LE BERRY

PAR

Le Lieutenant-Colonel DE CHOULOT

OFFICIER DE LA LÉGION-D'HONNEUR

DEUXIÈME PARTIE

A BOURGES | A PARIS

Chez M. TRIPAULT, Libraire | Chez M. DUMAINE, Libraire

rue Coursarlon, 24 | Passage Dauphine

1872

CAMP D'AVOR

ET

NOTES SUR LE BERRY

PAR

LE LIEUTENANT-COLONEL DE CHOULOT

OFFICIER DE LA LÉGION-D'HONNEUR

DEUXIÈME PARTIE

A BOURGES

Chez M. TRIPAULT, Libraire

rue Coursarlon, 24

A PARIS

Chez M. DUMAINE, Libraire

Passage Dauphine

1872

AVANT-PROPOS

DE LA DEUXIÈME PARTIE

Je n'ai nullement la prétention de raconter du neuf, de me parer des plumes du paon. Mon travail consiste en extraits d'histoire qui doivent intéresser ceux qui ignorent la contrée qu'ils habitent. Plus d'un indigène de bonne foi, devrait me savoir gré de lui remémorer en quelques lignes, ce qu'il a sans doute oublié.

Dans la troisième livraison du camp d'Avor, j'ai l'intention de narrer d'autres épisodes de l'histoire militaire du Berry, qui sont aussi pleins d'intérêt. J'ose espérer que mes lecteurs, ne verront que la bonne volonté que je mets à rappeler ce qu'il y a de beau et de piquant dans l'historique de nos localités.

Le Colonel **de CHOULOT.**

LA DIANE [1]

A peine l'alouette a-t-elle salué l'au-
rore de son chant matinal, que les
tambours et les clairons lui répondent
sur le front de bandière par leurs batteries précipitées et par des sons accen-
tués et saccadés se mariant harmo-

(1) Cette batterie mêlée au son des clairons fut
nommée Diane, dit-on, par allusion aux habitudes
matinales de la déesse de la chasse, dont le cornet
se faisait entendre dès le point du jour, pour
avertir les nymphes, ses compagnes, de prendre
leurs armes, et de se tenir prêtes à partir pour la
chasse.

    (L. LE BAS. — *Encyclop. du XIXe siècle*).

L'origine de la trompette se perd dans l'anti-
quité, les uns en attribuent l'invention aux Tyr-
rhénéens, les autres aux Egyptiens. Les Israélites
sous Moïse se servaient de cet instrument qui, partout, fut presque toujours consacré à l'armée.

    (Vte DE PONTÉCOULANT. — *Encyclop. univ.*)

L'invention du tambour est aussi très-ancienne
et fort souvent nos armées n'ont dû leurs prodi-
gieux succès qu'à la puissance extraordinaire que
produit le son de cet instrument sur l'organisme
humain.   (ELEVART).

nieusement les uns avec les autres. Tout le monde est debout. — *Tout le monde sur le pont! debout! debout! debout!* crie un fantassin qui a sans doute fait la traversée de Marseille au château d'If. En s'étirant les bras, il court au *Soleil levant* chez la mère Bouquet, la perle des cantinières, pour se mouiller les lèvres et chasser l'air humide loin de ses poumons. Le fait est que le brouillard s'élève lentement et que les silhouettes des factionnaires se détachent par instant comme des fantômes noirs, mobiles, au milieu de vapeurs nébuleuses.

Dans certains camps, c'est un coup de canon qui donne le signal de la Diane, mais à celui d'Avor, il n'en est pas encore question par la même raison que donnait en 16.., le maire de Dun-le-Roi à son souverain, auquel il remettait les clefs de sa bonne ville : « *Sire, nous ne tirons pas le canon en votre honneur pour plusieurs raisons. La première, Sire, est que vous n'en avons pas... Ventre saint gris,* répondit de suite le roi vaillant, *je vous dispense des autres.* »

.   .   .   .

J'ai souvent entendu dire à des gandins, des petits crevés auxquels leurs valets de chambre annoncent à midi qu'il fait jour, à de bons gardes nationaux du temps de la garde nationale du roi Louis-Philippe et à des piliers de café, que le métier de militaire est un métier de fainéant. De nombreux trains conduisent en plein jour au camp d'Avor ; que les uns aillent donc en flânant se donner la peine de jeter les yeux sur le tableau du service journalier, que les autres, à la tournure plus martiale, viennent y déjeûner sur l'herbe, ils pourront s'assurer par eux-mêmes que, depuis la Diane jusqu'à la retraite, officiers, sous-officiers et soldats ont peu de temps à perdre, et qu'au camp d'Avor ils n'y jouissent pas du *dolce far niente.*

ORDINAIRE DU SOLDAT ROMAIN

COMPARÉ A CELUI DU SOLDAT FRANÇAIS

OBJETS DE CAMPEMENT ET ARMES PORTÉS PAR LES UNS ET LES AUTRES

Le soldat romain faisait deux repas, le premier nommé (prandium) *dîner* vers le milieu du jour se composait de galette ou bouillie, sans y joindre d'autres aliments cuits.

Le soir à souper (cœna) le soldat assis et de préférence couché sur le sol, mangeait avec de la galette ou de la bouillie, de la viande ou les aliments qui y suppléaient.

Le légionnaire préparait lui-même sa nourriture, moulait son bled à la meule de la décurie, faisait cuire au brasier commun. Quant à la viande fraîche, il paraîtrait que le bétail était livré sur pied aux troupes, par centuries de fantassins, par turmes de cavalerie (1).

(1) Salluste *De bello Jugurtha*. LXXXIX à XCI.

Les allocations des denrées étaient mensuelles, distribuées à des époques fixes, soit intégralement, soit pour une période de temps qui en campagne était généralement de quinze jours et parfois embrassait le mois entier.

Cette provision était mise en un sac de cuir (*folliculus*) (1) suspendu sur les épaules du soldat au bout d'un *arum-nule* (bâton du voyageur antique) ; il y adjoignait une petite marmite qui servait aussi à contenir, abriter des vivres cuits ou des légumes. Enfin une tasse de deux *cotyles* (cinquante centilitres environ), mesure sans doute de la ration de vinaigre ou de vin pour boire.

Le soldat romain portait en outre de ses armes offensives et défensives, plusieurs pieux de palissade (2), une forte corbeille façonnée en forme de hotte et pouvant être utilisée comme gabion pour l'établissement presque journalier d'un camp retranché, les

(1) Tite-Live.
(2) *Polybe, Salluste.*

outils nécessaires à des terrassiers ; enfin, une chaîne et des courroies pour garrotter les prisonniers.

Suspendu par des lanières en cuir, le bouclier couvrait l'épaule gauche ; retenu à l'épaule droite, le casque, son ouverture tournée vers la poitrine, y reposait sans ballotement.

Dans la main disponible, le soldat tenait des javelots s'il était vélite, le *pilum* s'il était *hastaire* ou *prince*, la pique s'il était *triaire*, ou bien encore, il suspendait ses armes derrière son dos (1).

Un pareil fardeau fait dire à Flavius Joseph que dans cet état « *la charge de l'homme ne différait guère de celle du cheval.* »

Le chargement du soldat romain y compris sa lourde chaussure variait depuis cinquante jusqu'à plus de soixante kilogrammes.

. . . .

Une commission nommée en 1862

______

(1) *Tite-Live.*

par le ministre de la guerre pour déterminer le poids maximum dont le soldat français pouvait être chargé, l'avait fixé à trente kilog.

A mesure que l'on cherche à améliorer les conditions hygiéniques du soldat, que la science se préoccupe des moyens de lui venir efficacement en aide dans ses moments de douleur, les engins de destruction les plus terribles sont journellement expérimentés, perfectionnés par d'autres commissions. — Singulières missions exécutées, en prononçant le mot humanité! et en prétendant que tous les peuples sont frères. — Singuliers frères, qui au lieu de s'entr'aider ne visent qu'à s'entretuer le plus promptement et dans le plus grand nombre possible.

Louis XIV fixa pour tous les hommes d'un même régiment, les mêmes étoffes, les mêmes garnitures, le même nombre de boutons travaillés de la même manière, et l'administration de la guerre fut seule chargée de veiller à la confection des habits. Ce fut entre 1670 et 1672, que ce réglement fut arrêté.

L'armée, alors occupée à la conquête de la Hollande, était uniformément vêtue. Depuis, que d'essais ! que de changements utiles et surtout inutiles ! que d'argent dépensé et combien se croyent grands organisateurs de troupes pour avoir substitué telle couleur à tel parement, tel liseré à tel autre.

Les bouleversements politiques, opérés par des ambitieux qui veulent poindre quand même, bercent les masses oublieuses qui aiment à croire en des hommes nouveaux. Mais bien vite à l'œuvre on connaît l'ouvrier.

En France, tous les cinq jours, les soldats reçoivent une solde ou *prêt*, variant pour l'infanterie, la cavalerie, l'artillerie, le génie. Sur ce prêt, il est retenu une certaine somme pour fournir aux dépenses de l'ordinaire des hommes.

Cet ordinaire est composé de soupe

à la viande avec légumes. 300 grammes de viande, 250 de pain et 6 cen-
times ou un kilog. de légumes à diviser
en deux repas.

Le matin à la Diane les soldats
prennent du café noir dont il est alloué
16 grammes par tête et 21 grammes
de sucre. Ils y font détremper du pain
ou du biscuit qui est excellent, étant
fait avec de la fleur de farine.

Généralement, les autres repas se
font à 9 heures du matin et à 4 heures
du soir.

La ration de pain de munition per-
çue par jour, pour chaque militaire,
est de 750 grammes. Souvent en campagne, ce pain est remplacé par le
biscuit à raison de 500 grammes.

Des viandes salées, des conserves de
légumes, sont substituées à la viande
fraîche qu'il peut être difficile de se
procurer dans des situations excep-
tionnelles. — 250 grammes de viande
salée, 200 de lard, 500 de biscuit et
750 de pain si on peut s'en procurer.

En campagne les hommes se réunissent par escouades, *tribus,* pour faire leur cuisine.

Quant au vin, à l'eau-de-vie, il n'en est délivré que comme distribution extraordinaire. Toutefois, les compagnies qui ont fait quelques économies sur l'ordinaire peuvent en acheter avec ce produit.

Les ustensiles de cuisine sont portés par les soldats eux-mêmes, et chacun est chargé de ses vivres qui sont souvent délivrés pour plusieurs jours selon les besoins urgents, les localités, etc., etc.

Sur le sac, dans le sac bien équilibré et placé sur les épaules de l'homme d'une manière uniforme, se trouve tout son butin, sa petite tente; quant à ses armes, chacun les connaît; mais le tout ensemble fournit une charge variant de 30 à 35 kilog.

Les sapeurs de chaque régiment portent des pics, pioches, pelles. Lorsque les soldats avaient ce surcroît de charge embarrassante, ils s'empressaient de s'en défaire à la première occasion, car, comme de grands enfants, les jeunes militaires sont sans prévoyance, trop disposés à vivre au jour le jour et le Français surtout, par un fâcheux esprit, enclin à dénigrer toutes les sages précautions prises par ses chefs.

On tirerait un grand avantage de quelques mois passés chaque année dans les camps ; occupés d'une manière permanente par les mêmes troupes, ces casernements finiront par offrir plus de désagréments que les villes. On devrait à ce sujet s'en rapporter, non à des hommes de cabinet, à des *paperasseurs*, mais à des gens pratiques du métier.

AU CAMP D'AVOR

Sous un hangar à peine terminé s'élève un modeste catafalque décoré de quelques couronnes d'immortelles. A droite et à gauche suspendus à des solives plusieurs cartons portent inscrits les noms de Frœschwiller 56e régiment et de Forbach 77e régiment; au fond de ce hangar un autel simplement orné attire aussi les regards. L'aumônier du camp célèbre ce jour-là, 6 août, un service funèbre pour le repos de l'âme des officiers, sous-officiers et soldats qui succombèrent glorieusement à cette date. Les débris de ces deux régiments massés de chaque côté, dans une tenue irréprochable qui prouve la sollicitude dont ils sont l'objet de la part de leurs chefs, écoutent dans un religieux silence. De nombreux officiers sont groupés près des généraux de division et de brigade, et sur toutes ces mâles figures se reflètent les impressions de cœurs qui n'oublient pas les frères absents, morts au champ d'honneur. A l'élévation, lorsque les tambours voilés battent au champ, que l'excellente musique du 77e fait entendre des accents plaintifs, que ces fronts, qui ont vu l'ennemi sans sourciller, s'inclinent vers la terre, les ouvriers civils travaillant dans l'intérieur du camp, suspendent instantanément leurs travaux, se découvrent, car eux aussi sont français, eux aussi ont été soldats, et s'ils ne portent plus l'uniforme, n'en sentent pas moins vivement ce qu'il y a de beau, de grand, dans ce service commémoratif (1).

L'histoire de nos armées sera en-

(1) Le 56e régiment de ligne a perdu 11 officiers tués, 16 officiers blessés et 950 sous-officiers et soldats. — Au combat de Spickeren-Forbach, 6 août 1872, le 77e faisait partie de la 1re division d'infanterie qui eut pour sa part 40 officiers tués, 27 blessés, 24 disparus, 400 sous-officiers et soldats tués, 393 blessés, 692 disparus. Les disparus comprennent les tués qu'on n'a pas pu retrouver, les blessés restés aux mains de l'ennemi et les prisonniers.

Rapport du général Frossard.

core longtemps l'histoire de la France.

. . . .

. . . .

. . . .

En remontant à cheval, et sans doute sous l'influence de la cérémonie à laquelle je venais d'assister, je m'éloignais attristé, du front de bandière : en traversant les plaines d'Avor de ma personne, pendant que mon cœur était sur les bords du Rhin, que mes yeux fouillaient l'horizon, ma mémoire me retraçait les pages suivantes.

SAINTE-SOLANGE

PATRONNE DU BERRY

Plusieurs siècles nous distancent du tragique épisode historique que je viens narrer aux habitants du camp d'Avor. — Vingt kilomètres les séparent seulement de l'église de Sainte-Solange, et j'engage ceux auxquels leurs occupations le permettent à tenter cette course.

Les usages, les traditions, même les superstitions reçues d'âge en âge sont de respectables archives qui peignent l'esprit des peuples. Nous voyons tous ceux qui ont une foi quelconque exécuter de grandes choses.

Dans les maisons des païens, on retrouve comme dans nos habitations chrétiennes les traces d'une dévotion pour ainsi dire innée dans tous les cœurs. Les Romains mettaient leurs demeures sous la protection des *dieux lares* ou pénates. Ces génies protecteurs étaient représentés sous la forme de petites statuettes de bois, de bronze ou d'argent. Ils étaient renfermés dans un *laraire*, espèce de chapelle ou oratoire dans lequel brûlaient constamment des lampes. Un esclave était uniquement occupé à leur service. Un affranchi était revêtu de cette charge chez les empereurs. Ce sentiment de dévotion existe chez tous les peuples anciens et modernes, civilisés ou barbares. Lares ou fétiches, chacun a ressenti le besoin de recourir à une puissance providentielle. Chez nous, nous révérons la Sainte-Vierge au sourire bienveillant qui présente l'Enfant divin (il bambino) aux adorations des rois et des bergers, et le crucifix austère, signe de rédemption et de salut pour tous les hommes.

Craignant de s'adresser directement à Dieu, l'homme a cru devoir se créer des intermédiaires puissants, et placer dans des personnes d'une conduite exemplaire la confiance dont ils les jugeaient dignes. On parle beaucoup du suffrage universel aujourd'hui, eh bien, c'est le suffrage universel qui les a proclamés saints. Ce suffrage, ce *vox populi*, a seulement été sanctionné par l'Eglise *vox Dei*.

. . . .

. . . .

Vers le milieu du neuvième siècle, à quinze kilomètres de Bourges et à peu près à égale distance du camp d'Avor, dans la paroisse de Saint-Martin du Cros, naquit, au hameau de Villemond, une fille que l'on nomma Solange. Son père était vigneron, et sa famille jouissait d'une certaine aisance. Dès l'âge de sept ans, lorsqu'elle avait ramené au logis le troupeau de moutons confié à sa garde, elle se retirait dans un lieu solitaire, appelé depuis *champ de Sainte-Solange*, pour se livrer à la prière au milieu de quelques buissons d'aubépines et d'églantiers sauvages. Le mystérieux ascendant de la vierge de Villemond s'étendait sur tout ce qui l'environnait ; ses pieux conseils calmaient les tourments de l'esprit, comme plus tard sa puissante intercession adoucit les plaies du corps. (1).

La vive piété, la beauté précoce et la modestie de la jeune bergère, dont on parlait beaucoup, se répandit promptement du hameau au bourg, du bourg à la ville, si bien qu'un beau matin, le son du cor retentit dans la forêt voisine, et que, sous le prétexte d'aller à la chasse, Bernard, comte de Bourges et d'Auvergne, marquis de Nevers, fils de Bernard, comte de Poitou et de Bourges et de Belichilde, fille de Roricon, comte d'Anjou, piqué par la curiosité, chercha à rencontrer son humble sujette. Sitôt que ce seigneur la vit, il fut frappé de son angélique physionomie et en tomba éperdument épris. C'est en vain qu'il cherche à la séduire par des paroles mielleuses, en vain il lui promet même de

(1) La dévotion a marqué cet oratoire champêtre par une croix de bois qu'il faut souvent renouveler, les pèlerins ne se faisant pas scrupule d'en couper des morceaux.

partager sa fortune avec elle ; la pers-
pective de la toute-puissance n'a aucun attrait pour la candide Solange ;
la pieuse fille préfère la pureté des an-
ges à l'éclat précaire que donnent les
grandeurs du monde. Ces offres ne ser-
vent qu'à révolter les sentiments honnêtes de celle qui s'est vouée à Dieu.

Bernard irrité de voir toutes ses
propositions rejetées et cette sainte
énergie qu'il ne peut vaincre, veut
alors obtenir par la violence ce que
l'on n'a pas accordé à ses instantes
prières. D'abord, l'objet de sa convoi-
tise lui échappe, mais, il la poursuit,
l'atteint et malgré ses cris, ses suppli-
cations, l'enlève dans ses bras, la place devant lui sur son cheval, et part au
galop. — Près d'un petit ruisseau qu'il
faut traverser, et qui porte encore aujourd'hui le nom de *Fontaine de Sainte-
Solange*, la jeune fille se débarrasse
des étreintes de son ravisseur et se pré-
cipite dans l'eau. Ne se possédant plus
de rage, le comte met pied à terre,
poursuit sa proie l'épée à la main,

finit par l'atteindre, et donne impitoyablement la mort à l'innocente victime.

Cet acte de barbarie sauvage fut commis, disent les chroniqueurs, le 10 mai de l'an 880 ou 881.

La mort de Solange fut considérée comme une calamité publique ; elle fut ensevelie avec honneur et depuis lors, sur sa tombe, un concours immense de population vient chaque année à cet anniversaire, en pèlerinage, assister à des prières publiques et invoquer son intercession auprès de Dieu. Ses ossements furent déposés longtemps après sa mort dans une châsse de bois artistement travaillée. A différentes époques d'autres enveloppes d'une grande richesse la renfermèrent. Plusieurs fois, cette châsse fut transportée à Bourges en procession solennelle lors d'années de sécheresse ; chaque fois, la pluie tomba *« avec tant d'abondance, que la terre en fut bientôt pénétrée. »*

Des guérisons miraculeuses s'opé-

raient, et s'opèrent encore chaque année à la *fontaine de Sainte-Solange* où
arrivent journellement des pèlerins
qui vont prier dans l'Eglise où furent
déposés les restes de celle que le Berry
s'honore de considérer comme sa patronne, et chaque miracle ne fait
qu'accroître le concours des fidèles,
des curieux.

La première révolution interrompit
à peine cette affluence, bien que des
impies, des voleurs aient alors dilapidé
le trésor de l'église, brisé, emporté le
précieux métal de la châsse et jeté au
vent les reliques de la pieuse bergère. (1).

D'après la tradition du pays, l'église
de Sainte-Solange serait la même que
celle qui fut *dédiée consacrée* à saint
Martin de Tours, mort l'an 402 sous
l'empire d'Arcade et d'Honorius, fils
de Théodose-le-Grand. Depuis le dixiè-

(1). La nouvelle châsse que l'on voit à Sainte-
Solange, est en bois de noyer doré et renferme
des reliques authentiques de sainte Eugénie, vierge
et martyre et des saints Vincent et Clément, également martyrs.

me siècle, elle serait placée sous l'invo-
cation de sainte Solange. Sa dédicace
solennelle eut lieu en 1511, lors de la
seconde translation des reliques.

Dans le chœur, six tableaux en ta-
pisserie, représentent les phases prin-
cipales de l'histoire de la patronne du
Berry.

Le bourg et l'église paroissiale dédiée à saint Martin de Tours, le thau-
maturge de la France, prirent le nom
de Sainte-Solange à la date du jour
de la mort de cette jeune fille. Rome
sanctionna de son approbation le culte
de celle que la vénération publique
honorait déjà.

Après des siècles de barbarie, pendant lesquels la force primait le droit,
des invasions, des guerres de religion,
des révolutions, la figure de sainte
Solange apparaît toujours rayonnante
de placidité, parée de toutes les grâces
honnêtes de la femme contre laquelle
viennent s'émousser les malices im-
puissantes des esprits forts de notre
époque.

LE SIÉGE DE SANCERRE
EN 1573

Appuyées à un pays accidenté, commandant au loin le cours de la Loire,
dominant une contrée riche et plantu-
reuse, les maisons de la ville de Sancerre, s'étagent irrégulièrement sur
les flancs d'une montage couverte de
vignobles recherchés. La ruine élevée
de la vieille tour qui existe encore, est
triste et fière comme les derniers calvinistes qui, en 1573, extenués de
fatigue, mourants de faim, voyaient
leurs armes échapper de leurs vaillan-
tes et faibles mains. Hommes, femmes
et enfants, prirent, pendant neuf mois,
part à de nombreux combats dans
cette position réputée pendant longtemps inexpugnable. La famine seule,
conséquence d'un étroit blocus, rédui-

sit des squelettes à peine animés à ouvrir les portes de la ville assiégée.

La vieille tour, que l'on voit encore aujourd'hui, unique débris des fortifications de la ville, rasées en 1621, glorieux témoin d'un passé déjà loin de nous et du camp d'Avor, qui en est éloigné d'environ 30 et quelques kilomètres, fait partie du Berry, par conséquent, du périmètre dans lequel il m'est permis de glaner des souvenirs historiques militaires, intéressants à remémorer à ceux qui, inopinément implantés sous des tentes ou des baraques, sont privés des jouissances que procurent une bibliothèque.

. . . .

. . . .

Après les massacres de la Saint-Barthélemy, Claude de la Châtre (1),

(1) Le baron de la Châtre avait assisté au siége de Thionville en 1558, à la bataille de Dreux en 1562 ; avait fait la guerre en Piémont comme colonel-général de l'infanterie, assiégé inutilement Sancerre en 1569, s'était signalé au combat d'Arnay-le-Duc en 1570. En 1591, la petite ville d'Aubigny, défendue par une garnison peu nom-

gouverneur du Berry, fut nommé par le roi Charles IX, son lieutenant général dans la même province et spécialement chargé de réduire la ville de Sancerre, dont les citoyens en grande partie huguenots n'avaient pu refuser un asile à environ cinq cents de leurs coréligionnaires fuyant les honteuses boucheries dont ils étaient victimes. Les habitants confiants dans la position de leur ville, reconnue si forte par elle-même et seulement accessible au sud-ouest du côté de Bourges, avaient depuis longtemps négligé de réparer ses défenses reliées entre elles par neuf tours. Aussi chacun s'empressa-t-il avec ardeur de coopérer à tous les travaux jugés d'urgence utiles et nécessaires pour remettre en état une ancienne brèche qui

breuse, repoussa ses attaques. La belle et courageuse Catherine de Balzac, une pique à la main, était à la tête des défenseurs, se moquant de l'amour qu'éprouvait, dit-on, pour elle, ce très-brave mais très-médiocre général, qui n'en mourut pas moins maréchal de France.

DELAMBRE et PONCE *(Biog. univ.)*

aurait été praticable pour un ennemi tant soit peu entreprenant.

Le 1er octobre des soldats d'infanterie soutenus par de la cavalerie sous le commandement supérieur du capitaine Durboys, s'approchèrent en éclaireurs jusqu'au pied des vignes, d'où, ils provoquaient les défenseurs par des paroles insultantes, en les conviant : *aux noces de Paris* (triste allusion aux massacres de la Saint-Barthélemy). Pendant trois jours les Sancerrois, qui avaient entendu ces injures répétées sur tous les tons, étaient à bout de patience et exécutèrent une sortie. Ils repoussèrent les ennemis au-delà de Chavignol, qu'ils emportèrent malgré les barricades qu'on y avait élevées. Le capitaine Durboys fut lui-même, au nombre des prisonniers qu'ils firent.

Les catholiques sans pouvoir parvenir à y réussir cherchèrent alors, par des affidés, à semer la mésintelligence parmi les habitants, et, par trahison, à s'emparer du château, agglomération de tours massives, au-dessus desquelles dominait *la tour des fiefs* que l'on voit encore debout aujourd'hui. MM. Julien de la Bertauche et Simon Charluchet tous deux capitaines, y commandaient, mais les protestants se défiaient avec raison de ces deux officiers, qu'ils savaient attachés à M. de Fontaines, précisément celui qui espérait se rendre maître de la ville sans effusion de sang. Ils les tenaient donc en suspicion, et, pour exercer avec plus de soin une surveillance active à l'intérieur comme à l'extérieur, fournissaient chaque soir un piquet de renfort au château. On sut peu à près, par des indiscrétions commises par quelques conjurés qui s'étaient hâtés d'y transporter leurs hardes et objets plus précieux, qu'une trame était ourdie pour donner entrée aux catholiques par une petite porte de fer ouvrant sur la campagne. Pendant les derniers troubles elle avait été murée et dissimulée par des décombres de pierre et de terre, mais enfin elle existait toujours.

Le 9 novembre au soir, les comman-
dants du château refusèrent de rece-
voir le renfort de garde. Les chefs
protestants vinrent alors eux-mêmes
les sommer d'avoir à baisser les ponts
et ouvrir les portes. Ayant fini par y
consentir, le capitaine La Fleur, celui
de tous les officiers huguenots qui
exerçait le plus d'influence dans son
parti, pénétra dans le château, et prit
au dehors quelques sages précautions.

Vers les minuit, le frère de M. de
Fontaines, Louis de Beuil, seigneur
de Racan, embusqué dans les ruines
de la chapelle de Saint-Romble, avait,
profitant de l'obscurité, escaladé la
fausse-braye du château, suivi d'André Clément, bailli de Saucerre et de
dix-huit soldats, lorqu'une sentinelle
placée à Saint-Denis, les aperçut,
lâcha son coup de mousquet, et donna
l'alarme,

Les conjurés, de leur côté, avaient
abattu à la hâte une porte murée
donnant accès de l'une des tours à la
fausse-braye, faisaient entrer M. de

Racan et ses dix-huit hommes, mettaient en liberté et armaient le capitaine Durboys et six des siens pris
avec lui à Chavignol. Enfin, tous
réunis, au nombre de soixante environ, tentaient des efforts inouïs pour
dégager la porte de fer ayant vue sur
la campagne, et pour s'assurer des
issues qui communiquaient avec la
ville.

La position devenait précaire, et les
huguenots, sentant qu'il fallait à tout
prix qu'ils restassent maître du château, se saisirent du père du capitaine
de la Bertauche, des enfants de ses
complices, et, les liant ensemble, après
les avoir chargés de fagots pour met-
tre le feu aux portes, les exposèrent
aux premiers coups des assiégeants
qui n'en continuèrent pas moins de
tirer (1).

Les protestants pratiquèrent alors
en quelques heures une large brèche
dans le mur du grand corps de logis

(1) Histoire de Sancerre, par M. Poupard. Histoire du Berry, par M. de Raynal.

situé au nord, qui n'avait pas d'ouvertures sur la ville ; et, trouvant, dans des écuries voutées auxquelles aboutissait cette percée, un vaste amas de foin, y mirent le feu.

Les assiégeants pour contrecarrer les projets de leurs adversaires incendièrent en même temps l'étage supérieur rempli de blés, de bois et de meubles. — Un épouvantable incendie s'en suivit, se propagea bientôt jusqu'aux tours, consuma même une petite tourelle couverte en ardoises, huchée sur la plate-forme de la tour Saint-Georges. Une large brèche se forme bientôt, défendue, il est vrai, par une redoutable fournaise; mais la fameuse porte de fer est dégagée, et des secours peuvent arriver aux assaillants. La nuit approche, les moments sont précieux, ils jettent donc de l'eau sur les décombres incandescents, attirent avec des gaffes ceux qui obstruent le passage. Le son des trompettes de la cavalerie, le bruit des tambours de l'infanterie qui approchent, la vue de bateaux pleins d'hommes armés traversant la Loire, impriment aux vaillants travailleurs une nouvelle surexcitation. Une percée dans la muraille est enfin achevée, les protestants s'y précipitent précédés par le capitaine Laurent qui monte à la tourelle, en criant : *Dedans ! enfants ! dedans ! ils sont à nous, ils ont peur, ils ont le cœur failli.*

Quoiqu'il fut encore possible de résister, M. de Racan et ses compagnons d'armes prennent enfin la fuite. Cadaillet, agent catholique des plus actifs, qui avait reçu une blessure grave, fut pris, traîné dans les rues par la populace exaspérée et lapidé à la porte du temple Saint-Jean (1). On fit en outre quelques prisonniers et l'on ramassa un grande quantité d'armes (2)

Par suite de ces tentatives infruc-

(1) Les calvinistes s'étaient emparés de l'église Saint-Jean en 1548, en avaient chassé le curé, les vicaires, fait un temple et rendez-vous de leurs assemblées politiques et militaires.

(2) Histoire de France, abbé Millot.

tueuses, M. de Fontaines désappointé repartit en toute hâte le lendemain 11 novembre pour Paris, laissant le champ libre aux opérations militaires de M. de la Châtre.

Prévoyant les nouveaux dangers qui les menaçaient, les assiégés nommèrent André Johanneau, gouverneur de la ville, le grenetier Louis de Martignon sergent-major, et peu de temps après le commandement militaire fut déféré au capitaine La Fleur. 650 soldats, 150 vignerons qui se servaient de frondes avec beaucoup d'adresse (1), formaient l'effectif des troupes mises à sa disposition. On prescrivit aux femmes et aux enfants d'avoir à monter au besoin sur les murailles, armés de hallebardes, de demi-piques, de broches de fer, les femmes seulement pour ne pas être reconnues devaient porter des chapeaux d'hommes. Jour et nuit on fit bonne garde.

Monsieur de la Châtre, de son côté,

____

(1) Surnommés les Pistoles de Sancerre.

prenait de sévères mesures pour empêcher l'arrivage des approvisionnements que les autorités de Sancerre avaient négligé d'amasser, ne croyant pas à un siége de longue durée.

La fin de décembre et les premiers jours de janvier se passèrent à escarmoucher avec les garnisons catholiques de Cosne et de la Charité; mais, le 9 du même mois, à trois heures de l'après-midi, le guet perché dans le clocher de l'église Saint-Jean sonna la cloche d'alarme à la vue de deux escadrons de cavalerie qui paradaient à un quart de lieue de la ville, sur la montagne de la Cresle. Un détachement d'arquebusiers sous les ordres du capitaine La Fleur descendit aussitôt pour les *saluer* mais sans sortir des vignes, et leur blessa un cheval. Une heure après arrivèrent d'autres escadrons contre lesquels on tirailla jusqu'à la nuit. Ces escadrons réunis se replièrent alors sur Saint-Satur, Sury-en-Vaux pour y prendre leurs logements. Cinq enseignes des vieilles compagnies du régiment de Goas plus des volontaires et d'autres fantassins qui avaient traversé la Loire pendant la nuit, vinrent les y joindre. Inquiétées de temps à autre par la garnison de la ville, ces troupes se retranchèrent à la hâte.

Le 14 arriva une autre compagnie des gens de pied qui prirent leurs quartiers à Fontenay.

Quinze jours après, du haut de leurs murailles, les habitants de Sancerre ne virent pas sans éprouver un certain trouble défiler sous leurs yeux huit enseignes des vieilles compagnies du régiment de Sarrieu, cinq nouvelles compagnies commandées par un transfuge du pays, le capitaine La Rose ; puis la compagnie d'hommes d'armes de Monsieur de La Châtre, la compagnie des gens de cheval du comte de Brienne, celles de Messieurs de Rostling, de Torsy et de Cartier, une foule de paysans des environs enrôlés et armés par leurs seigneurs, enfin dix-sept enseignes de pionniers de différentes provinces, chacune à la livrée de leur localité ou ville. Sans compter ces derniers et les volontaires du voisinage, cinq mille hommes de pied et quatre à cinq cents chevaux occupèrent donc les villages et les maisons isolées situés autour de la montagne (1).

Dans une Assemblée générale à Sancerre, il avait été décidé dès le 11 janvier que les pauvres, les femmes et les enfants seraient mis hors la ville, mais les larmes et les prières de ces malheureux empêchèrent que cette résolution ne fut exécutée (2).

Contre tous les usages de la guerre, les Sancerrois exaspérés retinrent prisonnier un tambour, envoyé le 13 janvier en parlementaire par Monsieur de La Châtre pour sommer la ville de se rendre. Ce procédé mécontenta d'autant plus le général catholique, que

(1). *Hist. du Berry*, par M. de Raynal.

(2). De Thou. l. 55.

ce militaire fut massacré peu de jours après. (1).

Au 19 mars, les assiégés étaient établis aux Ardilliers, dans un fort en terre, coupant la route qui aboutit au port Saint-Thibault, avaient en batterie dix pièces de canon au champ Saint-Ladre, six sur l'Orme-au-Loup et six autres au Carroi-Marichaux. Plus de cinq mille coups furent tirés de ces positions contre les murailles de la ville où chacun ne bougeait plus de son poste de combat. (2). Une brèche de trois cents pas fut la conséquence de ce feu destructeur; bien qu'inégalement accessible, l'ordre de monter à l'assaut n'en fut pas moins donné :

(1). *Hist. de Sancerre,* par M. POUPARD.

(1). Pour que les défenseurs s'éloignassent le moins possible des murailles, Jean de Léri y avait fait planter des pieux auxquels ils suspendaient leurs matelas en guise de hamacs. « *Par là, ils n'auraient ni puces, ni punaises, ni aucune autre vermine de cette espèce ; leurs corps n'étaient plus brisés comme il arrive quand on couche sur la dure, et ils ne devaient plus sentir ni le froid, ni la moiteur de la terre.* »
(DE THOU).

l'enseigne colonelle avec un drapeau blanc en tête s'élance la première suivie par le régiment de Sarrieu engagé dans les tranchées ; la muraille à moitié éboulée est gravie au pas de charge, le drapeau y flotte un instant, mais il est bientôt arraché et les assaillants vigoureusement repoussés et culbutés en désordre.

Sur d'autres points de l'enceinte s'engageaient d'autres luttes désespérées ; les protestants se multipliaient, on combattait corps à corps ; les vignerons faisaient merveille et lançaient une grêle de pierres sur les assaillants ; les canons des batteries ne cessaient de battre en brèche, mais avec des matelas, des coussins, des draps remplis de terre, les habitants réparaient les nouveaux dégâts produits par les boulets. Monsieur de la Châtre, qui s'était constamment tenu près de la contre-escarpe pour mieux surveiller les mouvements de ses troupes, comprit enfin qu'il devait renoncer ce jour-là à s'emparer de la ville, et fit sonner la retraite. — Convertissant en blocus ses opérations, ce général fit construire à ses troupes découragées trois forts gabionnés, le premier au champ Saint-Ladre, le second aux Ardilliers, le troisième au chemin de la Cresle, et garder soigneusement tous les passages. (1).

Dès le jour de l'assaut, les vivres étaient déjà rares à Sancerre ; on y avait déjà mangé un cheval tué par un boulet. Au mois d'avril, tous les ânes et les mulets furent sacrifiés ; au mois de mai, on commença à tuer les chevaux ; on se disputait les rats, les souris et les taupes. Le 2 juin, on renvoya de la ville un certain nombre de personnes inutiles à la défense, et on réduisit les distributions de pain à une demi-livre par jour ; huit jours après, on n'en donnait plus qu'un quarteron ; à la fin du mois toute distribution cessa : il n'y avait plus de blé ni de farine dans les magasins. Toutes les

(1). De Thou, Poupard, Raynal.

herbes que l'on pouvait ramasser sur les remparts étaient dévorées avec avidité; les cuirs, les objets en corne longtemps détrempés, quelque sales et repoussants qu'ils fussent, manquèrent à leur tour; on broya de la paille, des coquilles de noix, des ardoises pour en faire du pain, on mangea jusqu'aux excréments des hommes et des chevaux.

On surprit un jour une famille qui préparait un monstrueux festin avec le corps morcelé d'un de ses enfants (1). Les chefs craignant sans doute que cet exemple ne fut contagieux firent brûler vif le père, étrangler la mère; le corps de cette dernière

(1) Le ministre protestant Jean de Léry ayant entendu dire, le 21 juillet, qu'un nommé Potard et sa femme avaient mangé une de leurs filles, âgée de 3 ans, morte de faim, se transporte au logis de ce vigneron. Là, saisi d'effroi, éperdu et hors de lui-même, il voit les os de la tête de la petite fille qu'on avait dévorée, avec ses oreilles, sa langue cuite et prête à servir; les cuisses, les jambes et les pieds, avec sel, poivre et vinaigre, dans une chaudière; les épaules, les bras, les mains et la poitrine aussi assaisonnés.   (Jean de Léry.)

et celui d'une vieille femme nommée Philippe qui les avait excités à commettre cette atrocité furent également brûlés et les cendres jetées au vent.

Dans les moments de crises politiques, révolutionnaires, si parmi les femmes on cite avec horreur et mépris quelques mégères, on en trouve un grand nombre, se dévouant, par esprit de charité et par un patriotisme moins bruyant que celui qui court les rues, à soulager leurs semblables. Jean de Léry nomme entre autres la veuve Portier, la femme du capitaine Martinat, l'aîné; Françoise Dorival, veuve de Jean Bourgoing; la femme de Jean Guichard et la *bonne femme* Leveillé.

Les maisons s'emplissaient de cadavres; on ne voyait partout que des spectres hideux, des enfants qui mouraient de langueur Souvent on chassait de la ville des bandes de misérables qui repoussés par les catholiques, repoussés par les protestants, erraient dans l'étroit espace qui leur était abandonné, se nourrissant d'herbes et

d'insectes, et périssaient bientôt d'ina-
nition si un soldat dans une tranchée
ne leur adressait pas un coup d'ar-
quebuse.

Au mois d'août, le découragement
ne fit que croître parmi ces malheureux assiégés qui venaient d'apprendre
les capitulations de la Rochelle, de
Nîmes, Montauban. — Afin de donner
connaissance à leurs amis de la triste
situation dans laquelle ils se trou-
vaient, les Sancerrois se décidèrent à
laisser, entr'autres, le capitaine La
Fleur, chercher à forcer les lignes
ennemies. Ce brave officier réussit à
s'éloigner, il avait déjà parcouru à peu
près vingt lieues sans être arrêté,
mais poursuivi, traqué, il fut reconnu,
pris, conduit devant M. de la Châtre,
transféré à Bourges, mis à la question,
condamné à être pendu comme rebelle
et exécuté secrètement chez le bour-
reau, le 13 août. — Les désertions se
multiplièrent alors à un tel point que
le 8 août, MM. André Johanneau et
de Montigny, entrèrent en pourparlers

avec M. de la Châtre, mais ce ne fût que le 19, qu'il fut stipulé que les habitants jouiraient du libre exercice de leur religion, que le roi leur remettait toute offense, garantissait la vie, l'honneur de leurs femmes, de leurs filles et les jouissances de leurs biens, — Pour se racheter du pillage, on les imposa à 40,000 livres, qui devaient être distribués aux troupes du siége (1).

Le 20 août, à midi, les troupes de M. de la Châtre étaient rangées en bataille, devant le camp de St-Ladre et les officiers faisaient porter du pain et

(1) Capitulation rapportée par Jean de Léry.
Jean de Léry, était né en Bourgogne. Il avait fait partie en 1557 d'une expédition qui, sous les ordres de Villegagnon, chevalier de Malte, débarqua au Brésil avec un grand nombre de calvinistes. Il écrivit une relation de ce voyage. — A son retour en France, il fut ministre à la Charité-sur-Loire, se réfugia avec ses coréligionnaires à Sancerre, joua un rôle important pendant le siége de cette ville dont il a donné un journal fort curieux. Par l'expérience qu'il avait acquise pendant ses voyages, il fut fort utile aux assiégés. Lors de la reddition de la place, il fut traité avec considération par M. de La Châtre. — Il mourut à Berne en 1611.

de la viande aux Sancerrois affamés.

Le 21, les soldats du camp et de la ville communiquaient entre eux, et les articles de la capitulation ayant été ratifiés par le roi Charles IX, le 31 août au matin, M. et Mme de La Châtre entrèrent à cheval dans Sancerre, et suivis de leurs troupes, tambour battant, enseignes déployées, au bruit répété de la mousqueterie. La cavalerie formait l'arrière-garde.

Les capitaines Buisson, Chaillou et Montauban étaient partis le 28, avec cent ou cent vingt hommes. Les soldats catholiques regardaient avec une sorte de respect ces hommes de courage exténués par tant de souffrances, et saluaient ces braves au passage, en leur criant : « *Adieu compagnons!* Lorsque l'escorte qu'on leur avait donnée les quitta à quatre lieues de la ville, elle leur dit: « *Soldats, allumez vos mêches des deux côtés ; et si aucun vous charge, défendez vous et tirez, car vous serez avoués.* » (1).

(2) Raynal, Histoire du Berry. Vol. IV.

On voit qu'à toutes les époques en France, le courage manifesté par des gens de cœur, a toujours été l'objet de l'admiration de la part de ceux qui ont appris à estimer leurs adversaires sur les champs de bataille.

Dans les guerres où la religion se trouvait être le principal mobile, une énergie passionnée jusqu'à la fureur a, en toute occasion, été déployée par les partis adverses ; de belles actions, contrebalancées par des crimes atroces et l'oubli de toutes les conventions, le respect dû aux personnes, aux paroles données, traitées légèrement à la convenance de ceux auxquels il importait.

Par cette narration du siége de Sancerre, on remarque combien sont coupables les chefs qui s'engagent dans de semblables entreprises sans avoir réuni tous les approvisionnements nécessaires ; combien il est fâcheux de ne pas marcher sous un commandement unique, afin d'éviter des tiraillements soit dans les ordres à donner, à exécuter, tout en tendant à une même solution, et combien depuis lors sont sensibles les progrès dans l'art de s'entredétruire.

Sancerre n'est plus, aujourd'hui, qu'une petite ville toujours pittoresquement posée, riche en vignobles, riche en souvenirs historiques de tous les âges. Sa population est d'environ 4,000 habitants. Le maréchal Macdonald, duc de Tarente, y naquit en 1765. — La gloire seule de ce vaillant militaire suffirait pour illustrer une localité (1).

ÉTAT DES PERTES DES ASSIÉGÉS
pendant le siége de Sancerre en 1573

84 tués ; — 139 blessés ; — 500 morts de maladie ou par la famine.

ÉTAT DES PERTES DES ASSIÉGEANTS.

1,200 tués outre un grand nombre de blessés.

Le lieutenant-colonel Queriers, du régiment d'infanterie de Goas, Mon-

______

(1) Le célèbre Thaumas de la Thaumassière, auteur de l'Histoire du Berry et d'autres ouvrages fort estimés, est aussi né à Sancerre en 1629.

sieur La Lobière, guidon du comte de Brienne, les capitaines Cabassole et d'Yvory comptent parmi les morts.

La ville essuya 5,915 coups de canon.

(De Thou, Lery).

SCÈNES DIABOLIQUES

Vade retro Satanas.

Le Berry, couvert de forêts que la cognée n'entamait guère alors, défraya jusqu'à nos jours, les veillées d'hiver de ses habitants, d'histoires de génies bienfaisants ou malfaisants, ayant établi leur séjour sous d'épais ombrages ou sur les bords de quelques cours d'eau. Les loups-garous, les *meneux* de loups, les sorcières, les sorciers, ceux qui jettent un sort ont fait leur temps. (1). Néanmoins, plus d'un héros

(1). Les paysans croient encore qu'il y a des personnes qui ont le pouvoir de jeter un charme sur leurs bestiaux, la puissance de faire tarir le lait des vaches.—Les rebouteurs. ceux qui guérissent par des paroles ont aussi de la vogue et empiètent en secret sur les droits réservés aux médecins.

de cabaret, se targuant de ne croire ni à Dieu ni au diable, n'ose encore traverser seul, à l'heure de minuit, par une nuit noire, le 2 novembre, jour des morts, une partie des bois de Brécy, parce qu'enfin, s'il s'y est passé des choses extraordinaires, comme on le raconte, on ne sait ce qui peut encore arriver, finissent-ils par avouer.

Le fait est, qu'en l'an de grâce 1615, sous le règne du roi Louis XIII, les bois de Brécy étaient mal famés et qu'en suivant, après le coucher du soleil, *entre chien et loup*, les *sentes* qui conduisent au *crot* du chêne *pouilleux*, les bûcherons retardataires ou les braconniers revenant de l'affût, aimaient peu à parler des bruits singuliers qu'ils remarquaient, soit après le vol précipité d'un merle effrayé ou d'un chevreuil qui en bondissant franchissait une cepée. On glausait en petit comité, tout bas, non sans s'être signé maintes et maintes fois quand même ; car le diable sous la forme d'un barbet noir venait, disait-on, avertir les gens d'avoir à se rendre sur le chemin des Aix, au Carroy-Billeron pour assister au sabbat. Afin d'accomplir cette équipée, il ne s'agissait que de se frotter *le filet des reins* d'une certaine graisse; on trouvait alors à sa porte le diable de nouveau transformé, monté sur un cheval noir, qui vous prenait en croupe et vous emmenait.

« Au sabbat s'accomplissaient des
« scènes étranges d'impiété et de dé-
« bauche. Le diable présidait de nou-
« veau sous la forme du barbet noir.
« On l'adorait en tenant à la main une
« chandelle de poix noire, on le baisait
« en certaines parties immondes et
« on se livrait ensuite à des danses
« frénétiques. Puis, le diable procé-
« dait à une horrible parodie des saints
« mystères sur une table couverte
« d'un manteau noir, suivie d'un fes-
« tin composé de viandes toutes noires,
« cuites *sur un feu beaucoup plus rouge*
« *et plus ardent que le nostre.* Les adep-
« tes servaient les conviés ; enfin, tous
« se livraient, hommes et femmes, à

« commencer par le diable, aux actes
« les plus infâmes, à la plus sale dé-
« bauche... Au chant du coq, tout
« s'évanouissait, et chacun retournait
« au logis.

» Le diable promettait souvent de
« l'argent, mais il n'en donnait ja-
« mais. »

Jean Chenu, bailli de Brécy, fief de
la famille de Culan, eût à faire le procès d'individus victimes de ces affreu-
ses hallucinations, des ruses cruelles
d'un libertinage difficile à comprendre,
et le 21 mars 1616 condamna trois accusés à faire amende honorable, nus
en chemise, une torche ardente au
poing, puis à être pendus et étranglés,
les corps brûlés avec le procès « pour
les blasphêmes et impiétés y conte-
nus » et les cendres jetées au vent.
En outre, il était prescrit de planter
une grande croix au Carroy-Billeron
où l'exécution devait avoir lieu.

Cette sentence fut confirmée le 17
mai par le Parlement de Paris et exécutée le 30 du même mois.

Jaquette Sadon, femme de Perrin, de la Grange-de-Farges, qui joute au camp d'Avor, fût exécutée, ne voulut rien avouer, et s'emporta en menaces contre le bailli :

« — Vous ne devez pas faire ce que « vous faites, s'écria-t-elle; vous avez « du bien, vous avez à perdre. Vous « ne jugerez jamais femme qu'il ne « vous en souvienne. — Prenez har- « diment votre chemise blanche : si « je meurs, vous ne demeurerez guères « après moi, j'ai de bons amis! »

« — Dieu maintient les juges en sa « protection, même contre la puis- « sance du diable, répondit le bailli. »

Le 11 juillet de la même année, six autres accusés furent encore condamnés à être pendus. (1).

Puisque je tiens le diable par la queue, je veux encore vous narrer un épisode des facéties qu'un esprit fort du siècle dernier cherchait à propager dans le pays de Farges et d'Avor, et

(1). *Hist. du Berry* par RAYNAL. vol. 4. — Jean Chenu dans ses causes.

qui eut un résultat fâcheux pour le principal acteur.

Je tiens le fait d'un notable de l'endroit, qui l'a lu, dans quel livre ? il ne s'en souvient plus ; moi-même, j'ai oublié la partie fantasmagorique qui sert de fond au simple tableau dont voici à peu près le sujet :

A la suite de la fameuse et brillante retraite opérée par le maréchal de Belle-Isle, le chevalier Pinon, fils cadet de Monsieur Pinon, intendant de la province du Berry, vint se reposer chez son père, propriétaire du château de Boisbouson, des fatigues d'une longue et pénible campagne. Capitaine au régiment de Royal-Piémont, brave comme son épée, franc, loyal, et aussi peu fier que la plupart de ceux qui ont l'habitude de vivre et de partager des dangers communs. Il alla peu de jours après son arrivée à Boisbouson, visiter près du gué de l'Ange, au moulin de Saint-Pierre, le fils du nommé Pisseau Jean, meunier de profession dans cette localité. Enfants, ils avaient joué ensemble, pris des oiseaux dans les fausses trappes, déniché plus d'un nid sur les grands chênes de la futaie.

Après quinze ans d'absence, ils se retrouvaient plus ou moins changés, l'un racontant avec plaisir et enthousiasme ses campagnes en Allemagne, l'autre n'effleurant naturellement que légèrement les heureuses affaires de son métier.

Il était nuit, lorsque le chevalier parla de remonter à cheval, Jean Pisseau enfourcha une de ses juments ne voulant pas laisser, disait-il, son jeune maître retourner seul.

Crois-tu donc que j'aie peur s'écria joyeusement le capitaine? Je crois bien que non, répondit le meunier, mais enfin on ne sait pas qui l'on peut rencontrer par ici, on parle beaucoup du diable, et m'est avis que lui et les siens ne sont pas drôles.

De plaisanteries en plaisanteries, toujours sur le compte de Satan, le capitaine finit par dire :

— Je voudrais bien le voir ton diable, il se souviendrait de moi.

—Il ne vous craint peut-être pas non plus répond Jean, et si vous voulez le voir, ce n'est pas difficile, car vous n'avez qu'à vous trouver samedi prochain sur le coup de minuit, au faîte de la montée du chemin creux dit le Pavé (1), près de Bourdoiseaux, et je vous garantis que vous le verrez.

— Eh bien ! ma parole d'honneur j'y serai.

— Touchez donc là notre jeune maître, et, les deux cavaliers se séparèrent.

Au jour convenu et à l'heure dite, exact au rendez-vous pris, le capitaine qui avait mis pied à terre après avoir passé le gué de l'Ange, sentit tout à coup les rênes de son cheval se raidir, puis l'animal se mit à souffler et et refusa d'avancer. Une odeur sulfureuse le saisit à la gorge, et pendant qu'il cherchait à se rendre compte d'une pâle lumière sortant d'une profonde

(1) Le chemin dit le Pavé est une ancienne voie, puis route postale se dirigeant sur les Aix par Brécy.

ornière sans eau ni boue liquide ; il se sentit tout à coup saisir par le bras et entraîné vers le taillis bordant la route : fort et vigoureux de sa nature, l'officier cherche à résister, mais une poigne de fer plus solide que la sienne, enserre son bras comme dans un étau et à la clarté blafarde qui teinte le feuillage du bois, il distingue alors devant lui, le maîtrisant presque sans efforts, *un être velu, ayant une longue queue, des pieds fourchus et une paire de cornes à rendre jaloux un bœuf ou buffle sicilien.*

Sans s'émouvoir autrement, le capitaine de royal Piémont, sort un pistolet de sa ceinture et fait feu.

L'obscurité la plus complète régna aussitôt, et il n'entendit que le bruit du galop de son cheval qui fuyait à toutes jambes. Force lui fut donc, de revenir à pied à Boisbouson où, dans l'après-midi du jour suivant, il apprit par le curé de Farges que Jean Pisseau avait été administré, était mort, des suites d'un coup de feu qui lui avait été tiré par maladresse par un de ses camarades avec lui à l'affût de sangliers, — disait-on...

Depuis lors, il n'est plus question du diable du gué de l'Ange, que par souvenir.

NOTES

Le 77e régiment d'infanterie (colonel Sautereau) le premier régiment, qui ait occupé le camp d'Avor, vient de partir emportant les sympathies de tous ceux qui ont été à même de le voir. Bien que n'ayant pas l'intention d'écrire des monographies ou historiques de corps, je pense être agréable à mon lecteur en disant quelques mots sur les régiments qui à tour de rôle séjourneront au camp. On n'est généralement pas fâché de connaitre ceux avec qui l'on doit vivre.

De l'ancien effectif du camp d'Avor, à l'exception de quelques officiers, sous-officiers et soldats du génie, d'un détachement du 1er régiment du train, il ne reste en ce moment que deux bataillons du 56e attendant l'arrivée d'autres régiments dont nous parlerons en temps et lieu.

Le 56ᵉ, ancien régiment de Bourbon, dont le grand Condé fut un des chefs, s'était dès sa formation brillamment signalé sur le Rhin, en Bavière, etc., etc. Sous le 1ᵉʳ Empire, en Afrique, en Italie en 1859, ce corps est resté à la hauteur de sa réputation militaire. Dans notre dernière guerre le généreux sang de ses soldats a coulé à grands flots, et le 6 août 1870 entre autres, en marchant résolûment contre une batterie de 52 pièces établies à Gunstett. Le commandant Niel, les capitaines Biadelli, Rival, les lieutenants Lanfranchi, de Foy, Laurent, Droullin, Roussely tués jalonnaient de leurs cadavres la ligne conduisant au point d'attaque, ligne sur laquelle restaient plus ou moins grièvement blessés, le colonel Mena, le lieutenant-colonel Souville, les capitaines de la Tour du Pin (1), Vigier, Finard, Salvan, Ouradou, Blondeau, les lieutenants Baëlen, Lemaire, Largenton, Curé, Milon, Lafeuillade, Bourson, Amet et 950 sous-officiers et soldats.

Les capitaines Lemaire, Desanglois et de Fromont, ont aussi été tués.

(1) Dans le dernier siècle, deux la Tour du Pin, avaient été colonels du régiment de Bourbon. L'un d'eux, à l'âge de 25 ans occupait en 1740 cette brillante position, à 32 ans, il était chevalier de Saint-Louis, brigadier des armées du roi et obligé de quitter la carrière des armes par suite des nombreuses et sérieuses blessures qu'il reçut en 1747, à la bataille de Laudfeldt. — Comme son trisaïeul, le capitaine de la Tour du Pin, officier de la Légion d'honneur aujourd'hui, compte déjà plusieurs blessures et de brillants états de services.

Deux bataillons du 56e luttèrent encore à Sedan, et avant de disparaître pendant huit mois dans les prisons de l'Allemagne, brûlèrent la hampe de leur glorieux drapeau, dont ils se partagèrent les lambeaux.

Au mois de septembre 1871, ce régiment fut réorganisé et reconstitué à Nevers avec ses anciens débris et le 56e de marche qui avait fait partie de l'armée de la Loire.

Etendue des terrains que l'administration militaire se propose d'acheter au camp d'Avor : 1,255 hectares, sur lesquels les baraquements construits ou à construire occupent une superficie de 84 hectares.

Pour s'exercer au tir à la cible, les troupes sont obligées de se rendre au polygone de Bourges où elles restent baraquées pendant la durée de cette instruction.

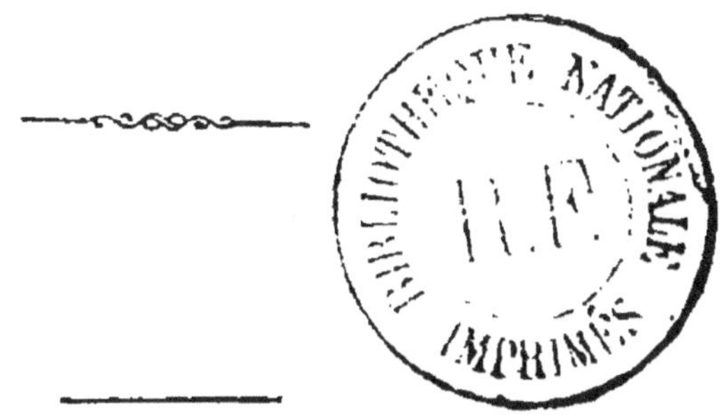

BOURGES. IMP. A. JOLLET.

Ouvrages publiés par le même auteur

Mémoires et souvenirs d'un sous-lieutenant.................. 1 volume

Études militaires, suivies d'un specimen sur l'organisation de l'armée sarde.................. 1 volume

Voyage au pas de charge en Suisse et en Savoie (2ᵉ édition).. 1 volume

Histoire des régiments de l'armée sarde (10 régiments) en collaboration avec M. FERRERO 2 volumᵉˢ

Souvenirs pour servir à l'histoire du 1ᵉʳ régiment de la légion étrangère (campagnes d'Afrique) 1 volume

(Campagne d'Orient)... 1 volume

(Campagne d'Italie)... 1 volume

Chales.................. 1 volume

Journal et Notes sur le 19ᵉ régiment mobile (Cher) 1870-1871.................. 1 volume

Colbert.................. brochure

Pompiers de Bourges.................. brochure

Camp d'Avor et Notes sur le Berry.................. 1 partie